Jürgen Hembd

Mit dem Rücken zur Fahrtrichtung

Lyrik und Prosatexte

Herstellung und Verlag: Books on Demand GmbH, Norderstedt,
2009
ISBN: 978-3-8391-3010-0

Für Rosmarie und Eberhard

Die Bleistiftzeichnung auf dem vorderen Umschlagdeckel heißt:
„Abfahrt Rønne, 7/95 JH"

Vorwort

Es ist schon merkwürdig: wenn ich im Bus oder in der Bahn unterwegs bin, sitze ich gern mit dem Blick aus dem Fenster nach vorn, jedenfalls oft lieber als mit dem Rücken zur Fahrtrichtung. Neugierig wie ich bin, möchte ich wahrnehmen, was da auf mich zukommt um mich darauf einzurichten.

Als umsichtige Wanderer oder Bergsteiger haben wir unser Ziel, immer an der Kante entlang, besser klar vor Augen – und erst im Straßenverkehr!

Unsere Planungen und Ziele, Hoffnungen und Wünsche sind auf die Zukunft gerichtet, weil unser Lebensrad ja vorwärts rollt, wobei manches jedoch unverhofft geschieht.

Ängste, die wir durchstanden haben und solche vor Kommendem lassen uns leiden und holen uns in unseren Träumen oft quälend wieder ein.

Wenn wir Abschied nehmen von Orten oder von Menschen, die wir mögen, so ist uns, als versinke stets ein Teil der Welt hinter uns, wenn wir rückwärts fahren. Ob das nun die Kreidefelsen der englischen Stadt Dover sind oder die Kirchtürme von Lübeck; eine letzte Ruderfahrt zurück von einem liebgewonnenen Inselrefugium in Südfinnland; der Leuchtturm an einer Hafeneinfahrt, ein vertrauter Blick in die Weite oder winkende Freunde auf dem Bahnsteig.

„Sei nicht sentimental, fahre doch einfach wieder hin!"
Dieser Ratschlag verkennt, daß Erlebtes grundsätzlich nicht wiederholbar ist – nicht unser erster Kuß und nicht die erste Liebe, weder das gemeinsame Lachen und Spielen mit unseren Kindern und Enkeln noch gemeinsam erlebte Situationen unterwegs. Jedes Detail der Vergangenheit wird zum Unikat, einmalig und daher *so* nicht wiederkehrend, weder im Guten noch im Bösen.

Rückwärts zur Fahrtrichtung sitzen heißt im übertragenen Sinne für mich: Erinnerungen verarbeiten; Erlebtes einordnen; dankbar sein dafür, gnädig gelenkt und behütet worden zu sein; Gewinn und Verlust einzuschätzen; Standorte bestimmen und Zuversicht schöpfen um neue Herausforderungen anzupacken.
Diese Gedankenreihe ließe sich sicherlich beliebig fortsetzen.
Wesentliche Erinnerungen sind wie kleine Stolpersteine, die uns aufmerken lassen.

Ich werde weiterhin unterwegs sein – in Fahrtrichtung und möglicherweise umgekehrt, je nach Platzangebot.
Es blieben noch die Querbänke. Aber auch sie ermöglichen es uns nicht, zur gleichen Zeit in zwei entgegengesetzte Richtungen zu blicken. Wer mit dem Rücken zur Fahrtrichtung sitzt, fährt nach vorn und blickt doch zurück.

Jürgen Hembd, im Herbst 2009

1949

Mein erster Kuß – wirklich der erste?

Wie alt mag ich gewesen sein? Acht oder neun oder zehn? Ich kann mich – rückschauend – nicht mehr so genau daran erinnern, weiß auch nicht, wann man damals *so etwas* zum ersten Male tat, nämlich ein Mädchen küssen. Und heute ist ohnehin manches anders – oder?

Sie war die Tochter der Portiersleute von schräg gegenüber. Wir wohnten seinerzeit in der Nähe des Rathauses Schöneberg, in der Belziger Straße, im Haus Nummer 50, gleich neben dem alten Straßenbahndepot, erster Hinterhof, parterre rechts, Hofzugang, muffig, eng, lichtlos. Und an der Ecke Eisenacher Straße, da, wo alles geschah – oder zumindest geschehen sollte – befand sich das Papiergeschäft mit dem kriegsinvaliden Inhaber. Da gingen wir regelmäßig hin um unsere Kugelschreiberminen über Nacht füllen zu lassen, wenn sie leergeschrieben waren. Meine Mutter ließ dort Laufmaschen in ihren Nylonstrümpfen aufnehmen, 7 Pfennig pro Masche. Oder waren es etwa Perlonstrümpfe mit Mittelnaht am Wadenbein? Wir hätten es ja auch im Nachbarhaus, Nummer 48, treiben können, da, wo zeitweilig die Fischbraterei „Wie bei Muttern" ihr Domizil hatte.

Wir Beide waren nicht allein. *Bärbel* vom Hinterhaus, 1. Stock links, die mit den vielen Geschwistern, war unsere Sekundantin und stand gaffend dabei.

Die Straßenbahn der Linie 66 fuhr damals ihre Rundstrecke bis zum Insulaner und war stets von weitem schon zu hören, wenn sie durch die Eisenacher Straße rumpelte, bevor sie in die Belziger Straße einbog. Sie fuhr mit Fahrer und Schaffner und letzteren fragten wir Kinder oft: „Onkel, hast'n Block?" Dieser

Falz war der Rest, der übrigblieb, nachdem alle Fahrscheine eines Blockes abgerissen und an die Fahrgäste verkauft worden waren. Wenn ich heute nur sagen könnte, was wir damals damit angestellt haben...

Die Haltestelle war an der Ecke, schräg gegenüber vom Schokoladengeschäft neben der zerbombten Schule, wo mein Vater nach dem Großen Krieg die erste Tafel Stollwerck-Schokolade auf Marken erhalten hatte. Ich will ja keine Reklame für eine bestimmte Schokoladenmarke machen, aber manche Dinge haben eben einen langen Nachgeschmack.

Brigitte, meine Kußpartnerin, war blond, mit Kleidchen. Ich war damals auch noch blond und steckte in kurzen Hosen.

Es muß Spätherbst gewesen sein; denn wir hatten Kastanien massenweise auf die Schienen hinter der Kurve gelegt; manchmal taten es auch alte Münzen. Machte nämlich Spaß, hinterher das Plattgewalzte von den Schienen zu kratzen.

Bärbel wäre – strenggenommen – auch nicht schlecht gewesen, aber Brigitte hatte wohl das gewisse Etwas. Vielleicht waren es auch die Schleifen in ihrem Haar.

An der Ecke war das günstig mit den Kastanien; denn wenn die Bahn sich quietschend um die Kurve mühte, konnte der Straßenbahnführer kleinere Hindernisse gar nicht schnell genug wahrnehmen.

Wir verschwanden also in den Hausflur Nr. 42, fast an der Ecke. Dort war's zugig und dunkel, an der Wand der Stille Portier, geradeaus links die knarrende Treppe, rechts der Durchgang zu den Hinterhöfen.

Es stand für uns fest: wir wollten uns küssen. Das war so ausgemacht und verabredet. Unter sechs Augen freilich, damit es die Anderen hinterher auch glauben würden.

Nun ging alles sehr schnell. Wir traten aufeinander zu, faßten uns zaghaft an Armen und Schultern, nur noch ein paar Zentimeter, der Augenblick war nahe, aber es näherten sich nicht nur unsere

Lippen, sondern, wie aufregend, die Straßenbahn kam ausgerechnet in diesem Moment um die Kurve!

Sag, Amor, was hast Du gesehen? Sag Bärbel, was kannst Du bezeugen?
Was war dieses verdächtige Geräusch, über das Du berichten konntest?
War's ein Kuß oder waren es nicht eher die plattgewalzten Kastanien?

(entstanden 1981 / bearbeitet 2008)

Carpe diem

Uns plagen oft die Sorgen,

Was Unerwünschtes *morgen*

Schadend uns geschehen mag.

Was *gestern* war, ist doch vorbei,

Ob Soll, ob Haben – einerlei!

Geschenkt ist uns ein neuer Tag.

Die *Zukunft* mag uns grämen,

Vergangenes beschämen.

Nichts läßt sich ganz verdrängen.

Doch wünsch' ich mir den **heut'gen Tag**

Wie Blumenduft nur wirken mag:

Belebend – frei von Zwängen.

(2008)

1963

Der Rotschopf im Minikleid

Wie lernen sich zwei Menschen kennen, aus denen später vielleicht ein Paar wird?
Nun, im Sommer 1963 fand in Dortmund ein Evangelischer Kirchentag statt. Zahlreiche Kirchentagsgäste aus Berlin waren in einem ehemaligen Durchgangslager für Ostflüchtlinge in Unna einquartiert und als es am zweiten Tag im Lande der Westfalen fürchterlich regnete, stürmten wir den Shuttlebus in Richtung Kirchentagsgelände. Während dieser Fahrt sah ich sie zum ersten Male, allerdings nur flüchtig, weil ihr roter Haarschopf bald wieder im bequemen Sitz mit Nackenpolster vor mir verschwand.

Am übernächsten Vormittag schien die Sonne und ich war gerade unterwegs zu einem Vortrag, als ich jenen Rotschopf aus dem Bus erblickte, der mir entgegen kam. Minikleid, wiegender Gang. Sommersprossen in dieser Entfernung noch nicht erkennbar. Die uns trennende Distanz schmolz rasch dahin und ich wollte diesmal k-keinesw-wegs die G-gelegenheit verpassen, d-dieses r-reizende G-geschöpf kennenzulernen. Als wir Beide auf gleicher Höhe waren, blieben wir verdattert und wie angewurzelt stehen und *ich* fragte sie ohne jegliche Vorbereitungszeit, ich also fragte *sie*, die mir entgegen Kommende, ohne Umschweife, ob ..., ob sie..., ob sie in die gleiche Richtung wolle wie ich.
Und sie antwortete kurz entschlossen schlicht und einfach: „Ja!"

So steuerten wir die Halle an, in der „mein" Vortrag stattfand, zunächst einmal...
Vor einiger Zeit fand ich beim Aufräumen meine alten Mitschriften dieser Veranstaltung wieder, Mitschriften, die ich damals angefertigt habe. Na ja...
Ob sie *mir* jemals wichtig waren?
Ob *ihr* der Vortrag damals etwas bedeutet hat?

Unsere beiden Kinder hielten später die Erzählung dieses Augenblickes unseres Kennenlernens für eine gut zurechtgemachte Anekdote, im Übrigen jedoch für völlig unglaubwürdig, allein schon wegen der Kargheit des Dialogs.
Aber was schaden denn fehlende Worte, wenn sie in entscheidenden Augenblicken später Zug um Zug nachgeliefert werden können?
Seit langem tragen wir in Treue unsere Ringe und die sind rund.
Und Liebe *kann* einem Ring gleichen: zumindest dieser hat kein Ende.

Was ist Liebe?

Was ist Liebe? Liebe heißt: Geduld,
Sucht im Andern nicht sogleich die Schuld.

Liebe heißt: behutsam fragen,
Wünsche läßt sie still sich sagen;

Vom Andern her das Leben seh'n,
In seinen Schuh'n spazieren geh'n.

Liebe heißt: Dich wertzuschätzen,
Nie unbedacht Dich zu verletzen,

Einander willig zu vergeben,
Wege finden durch das Leben.

Liebe heißt: gemeinsam tragen
Schicksalsschläge ohne Klagen.

Ich helfe Dir als der ich bin,
Dein Wohlsein ist dann mein Gewinn!

Doch darfst Du mir ein Gleiches tun,
Wenn mein Glück schweigt, sich auszuruh'n.

Liebe lehrt: sich auszuhalten,
Auch ein Gesicht so voller Falten;

Wo ist der Schwung aus alten Tagen,
Visionen, die uns einst getragen?

Ein leiser Hauch Melancholie
Begleitet uns von spät bis früh,

Wenn wir in schlaflos langer Nacht
Kein Auge haben zugemacht.

Liebe geht nicht ohne Treue,
Sich bewährend stets aufs Neue.

Doch vieles, was ich Dir versprochen,
Hab' ich gedankenlos gebrochen!

Nie solltest Du Dich grämen,
Dich jemals meiner schämen!

Ich habe Dich so oft verletzt,
Bin über mich total entsetzt!

Und doch: an jedem neuen Tag
Hörst Du von mir, wie ich Dich mag.

Will trösten Dich und will Dich halten,
Mein Leben nur mit Dir gestalten!

Bin ich ein Traumprinz Dir gewesen,
Gar fehlerlos und handverlesen?

Ob ich Dich liebe, ohne Schuld?
Wer weiß, bei meiner Ungeduld...

Du blickst mich an, ganz unverwandt,
Greifst lächelnd mild nach meiner Hand.

(10/2008)

Gyptis – auch im Minikleid?

Aus alten Tagen überliefert...

Beginnen wir mit der 25-Euro-Frage:
Wer nennt uns die bedeutendste Hafenstadt und zweitgrößte Stadt Frankreichs?
Richtig! Es handelt sich um Marseille, am Mittelmeer gelegen.
Wollen wir die 50-Euro-Frage wagen?
Handelt es sich um eine französische Stadtgründung? Nein? Dies ist ebenfalls richtig!
Um 600 vor Christus, also vor rund 2.600 Jahren, hieß sie *Massalia* und wurde von *Protis* aus Phokaia in Kleinasien gegründet und das müssen wir uns folgendermaßen vorstellen: Protis war unverheiratet und waffenfähig. Protis hatte große Ausstrahlungskraft und war ein Bild von einem Mann. Aber er war nicht der Älteste des Familiennachwuchses und so stand ihm kein Erbe zu. Protis war schön und hatte sicherlich gute Manieren, aber er war arm und sein Stammbaum nutzte ihm gar nichts.
So verließ er mit zweihundert Männern seine heimatliche Küste und segelte westwärts über das Meer – dorthin, wo es bebaubares Ackerland gab. Das Orakel von Delphi hatte ihn zur Fahrt ermuntert. Delphi – wir erinnern uns: im tiefer gelegenen Ende des Tempels, auf einem Dreifußkessel über dem Abgrund sitzend, umhüllt vom aufsteigenden Dunst und mit einem frisch geschnittenen Lorbeerkranz geschmückt, blickte die Pythia, als Mädchen gekleidet, in die Zukunft. Ihre in Trance ausgestoßenen Worte gossen die Priester in Hexameter. Diese enthielten nicht nur Voraussagen, sondern sie boten auch Entscheidungshilfen und Protis hatte nun den Zielort vor Augen und auch die Wegstrecke.
Gelingen mußte nur noch die Landung an fremder Küste; der erste Winter sollte ihnen gnädig sein und dann würde er als Anführer die Felder verteilen, gerecht und nach vergleichbarer Größe und Qualität aufgeteilt und den Einzelnen durch Los zugesprochen.

Hoffentlich würden seine Männer, schwer des Weines, nicht auf der Fahrt alle ihre Anrechte gegen Honigkuchen tauschen! Nun, die Äcker würden verteilt werden und niemand sollte an den einmal festgelegten Eigentumsverhältnissen rütteln! Nach der Verteilung der Äcker und dem Bau der Stadt würden Frauen aus Griechenland nachkommen und das Leben würde seinen erwarteten Lauf nehmen.

In der Tat, Massalia sollte sich bald zur bedeutendsten griechischen Handelsstadt im westlichen Mittelmeer entwickeln und eigentlich könnte unsere Geschichte hier zu Ende sein; aber die Legende von der Gründung Massalias ist noch nicht zu Ende!

Protis und seine Phokäer von der kleinasiatischen Küste hatten die Fahrt überstanden und waren hingerissen vom Reichtum und von der Schönheit des Landes, an dessen Gestaden nun ihre Schiffe ankerten. Sie wollten Frieden halten mit den einheimischen Nachbarn, weil sie diese brauchten und so boten sie dem König des in der Nähe siedelnden Stammes bald nach ihrer Ankunft einen solchen Frieden an. Und natürlich Freundschaft obendrein! Der König war jedoch im Grunde genommen unabkömmlich, galt es doch, die Hochzeit seiner Tochter *Gyptis* auszurichten. Trotzdem nahm er sich die Zeit und ging auf das Freundschaftsangebot der Griechen ein. Mehr noch: er lud sie als Gastfreunde an die Tafel ein. Wie mögen sie sich wohl unterhalten haben bei ihren unterschiedlichen Sprachen? Vielleicht haben sie zunächst nur kleine Geschenke ausgetauscht und sich angelacht, je später, desto wein-seliger! Hier könnte unsere Geschichte abermals zu Ende sein, doch weit gefehlt!

Nach der Sitte des den Griechen fremden einheimischen Stammes war es so Brauch, Gyptis, der zu vermählenden Tochter nämlich, demjenigen zum Manne zu geben, den *sie selbst* zum Schwiegersohne ihres Vaters erwählen würde.

Da saßen sie nun, die einheimischen Stammesleute und ihre griechischen Gäste!

Als nun das Mädchen in den Saal geführt und vom Vater aufgefordert wurde, demjenigen, den sie zum Manne begehren würde, das Wasser zu reichen, da hatte sie für niemanden aus ihren eigenen Reihen einen Blick übrig. Sehnsüchtig schauten ihre Augen zu Protis, dem griechischen Apoll, und beinahe verplemperte sie das Wasser, als sie seiner ebenso nach ihr schmachtenden Blicke gewahr wurde...

Was bleibt noch viel zu sagen? Da waren Gyptis und Protis und der Zauber der Liebe auf den ersten Blick – und alles nahm seinen Lauf!

Wenn wir wissen wollen, ob das mit den Beiden geklappt hat, so sei gesagt, daß ihr Leben reich gesegnet gewesen sein muß; denn immerhin waren im Jahre 2003 etwa 797.700 Menschen polizeilich in Marseille gemeldet!

(entstanden 2004, bearbeitet 2008)

(Die obige Begebenheit habe ich für einen *griechischen Abend* vor Jahren in der Kirchengemeinde Gropiusstadt-Süd geschrieben. Auf die Spur gesetzt hat mich das Buch „Die Antike" von Werner Dahlheim.)

Die Mitte finden

Vielen Menschen geht's ums Geld,
Weil nur mit Geld die Welt gefällt.
Sie fühlen sich getrieben.

Armut macht mitnichten fröhlich,
Reichtum auch nur selten selig.
Wie lebt's sich denn zufrieden?

Ich trinke Wein nicht aus dem Faß,
Weil – mein Besitz ist Mittelmaß.
Selbst Wasser würde mir genügen.

Kann helfen Andern in der Not
Bei ihrem Kampf ums täglich Brot.
Genieß' mein Glück in vollen Zügen.

Hab' Wünsche noch in meinem Leben
Und *kann auf meinen Träumen schweben,
Darf fragen noch und staunen.*

Allein *die Liebe legt den Grund*;
Sie gibt uns Kraft, hält uns gesund,
Bewahrt vor schlechten Launen.

Hab' oft im Leben nachgedacht,
Was mich so reich und heiter macht.
Vergängliches ich nicht erbitte.

Es ist das *Ziel der Ewigkeit*.
Den Weg zu geh'n bin ich bereit
Bei meiner Suche nach der Mitte.

(2008)

Wir vom Nebelhornweg

Meinen Kindern nachträglich in den Mund gelegt...

Ich heiße Silke Sabine und mein Bruder heißt Holger Andreas. Aber eigentlich heiße ich Silke, obwohl mich alle Sabine nennen und er will Andreas heißen, weil er den Namen Holger nicht mag. Er ist zwei Jahre jünger als ich, weil ich vor ihm geboren wurde. Er hat jedes Jahr im August Geburtstag, ich im Juni. Daher kommen zwischen Juni und August zu den zwei Jahren, die ich sowieso schon älter bin als er, noch einmal zwei Monate dazu. Jedes Jahr bin ich also zwischen Juni und August, also zwischen seinem und meinem Geburtstag, drei Jahre älter als er, aber meine Eltern sagen, so könne man die Sache nicht sehen. Vielleicht geben sie es nur deshalb nicht zu, weil sie nicht wollen, daß ich so schnell älter werde.

Ich wiege auch viel mehr als mein Bruder. Auf der Waage haben wir es ausprobiert. Ich wiege zwanzig Kilo, er nur fünfzehn. Dafür ist er aber auch noch kleiner als ich, das zeigt nämlich die Meßlatte mit den Bleistiftstrichen an der Zimmertür.

Als ich neulich mit meinem Vater beim Friseur war, habe ich große Angst gehabt, weil ich glaubte, die Friseurin wolle mir im Nacken die Haare kürzer schneiden. Zum Glück hat sie es dann aber doch nicht getan und das war gut so, weil ich doch zwei Zöpfe haben möchte. Die Zopfspangen könnte ich jeden Tag austauschen; denn ich habe drei davon. Früher waren es mal vier, aber die vierte hat sich versteckt.

Andreas hat goldblondes Haar und im Sommer sieht sein Gesicht sehr lustig aus, weil dann seine Sommersprossen hervorkommen. Letzte Woche hat er mir noch erzählt, er wolle später einmal Clown werden, aber damit wird es wohl nichts mehr. Ab heute wird er Pirat und später Busfahrer. Und wer es nicht glaubt, der braucht sich ja bloß sein Faschingskostüm anzusehen. Er hat schon eine rote Piratenmütze und richtige Piratenhosen und ein langes Schwert und einen Piratendolch.

Vorhin hat er vor dem Einschlafen noch mit Pippi Langstrumpf telefoniert; er schwärmt nämlich für sie. Aber nach einer halben Stunde mußten wir sein Gespräch beenden, weil es auf die Dauer zu teuer geworden wäre. Sein rotes Telefon hat er auch nachts immer griffbereit neben sich – für alle Fälle!

*****

Ich will später einmal Ärzterin werden und viele Kinder haben, entweder acht Jungen und sieben Mädchen oder zwei Mädchen und einen Jungen – je nachdem.

Wir werden dann ein hellblaues Auto kaufen mit vier Türen, so daß *jeder* von uns eine Tür aufschließen kann, ohne daß es ständig Streit gibt, wer als erster einsteigen darf.

Andreas will auch viele Kinder haben.

Ich gehe immer mit meinen Puppen und Tieren schlafen. Andreas nimmt am liebsten seine Kuscheleule mit ins Bett. Heute war er bei seiner Feundin. Die ist auch viereinhalb wie er. Ich glaube, es hat Krach gegeben zwischen den Beiden – oder aber sie lieben sich. Jedenfalls, als er nach Hause kam, war er so merkwürdig ausgelassen und hat ständig unsern armen Vater verhauen.

Jetzt schläft er und ich werde auch gleich einschlafen.

*****

Wenn wir nach Hause kommen oder weggehen, benutzen wir meist die Wohnungstür. Aber im Sommer, wenn es warm ist, gehen wir auch oft durch die Terrassentür, die dann meistens offen steht. Manchmal lassen wir uns auch aus dem Kellerfenster ins Freie heben, aber mein Fahrrad und das Dreirad von Andreas schieben wir immer durch die Hobbyraumtür in die Wohnung. Unsere Wohnung hat vierzehn Stufen, acht nach unten und sechs nach oben, wenn man von der Mitte aus rechnet. Unsere beiden

Kinderzimmer sind oben. Bei uns können immer zwei auf einmal austreten gehen, weil wir noch eine Gästetoilette haben. Aber die Toiletten funktionieren auch, wenn nur einer von uns mal muß – es braucht also keiner erst auf den Anderen zu warten, bis der endlich geht.

Andreas benutzt am liebsten immer noch seinen blauen Kindernachttopf. Wir sitzen dann oft nebeneinander, er auf seinem Nachttopf und ich auf der richtigen schwarzen Toilettenbrille. Sein Nachttopf hat natürlich keine Spülung. Manchmal vergesse ich das Spülen aber auch.

*****

Am Besten gefällt mir in meinem Zimmer die Pinnwand. Ich befestige daran immer Postkarten und meine eigenen Zeichnungen. Andreas findet in seinem Zimmer den Bettkasten am schönsten, weil er sich abends darin mühelos verstecken kann. Wir müssen ihn dann suchen und wenn wir so tun, als würden wir ihn diesmal wirklich nicht finden, hilft er uns auch, indem er uns Zeichen gibt und aus dem Kasten ruft.

Unser Telefon steht gegenüber der Wohnungstür und wenn es klingelt, versucht jeder von uns erster zu sein.

Im Wohnzimmer steht noch das Klavier und wenn wir neue Freunde mit nach Hause bringen, müssen die immer erst die Tasten ausprobieren. Unsere Eltern mögen das nicht so sehr, weil sie meinen, das Klavier sei kein Spielzeug.

Auf der Terrasse stehen unsere Buddelsachen. Andreas spielt immer noch gerne mit Eierpampe, aber er ist ja auch noch klein.

Im Sommer gießen wir die Blumen ziemlich oft. Letztes Jahr konnte ich ganz genau beobachten, wie die Sonnenblume wuchs und wuchs. Erst war sie ganz klein, dann ging sie mir bis zum Bauchnabel, dann bis zur Nasenspitze und zum Schluß war sie bald doppelt so groß wie ich. Ich habe alle Sonnenblumenkerne gesammelt.

Unsere Küche ist besonders wichtig. Mein Bruder backt nämlich gern Kuchen; ich mache dafür lieber Buletten.

Andreas ißt am liebsten Nudeln, aber nie ohne Tomatenketchup.

Ihr könnt uns gern einmal besuchen! Mein Zimmer ist leicht zu finden; denn an der Glastür hängt ein Mädchen aus Papier und mit Zöpfen. Ich habe mich neulich im Spielkreis auf einen großen Bogen Packpapier gelegt, eine Mutter hat meine Umrisse nachgezeichnet und dann habe ich mich ausgeschnitten und bunt ausgemalt.

Wenn Andreas und ich später verheiratet sind, wollen wir mit unsern Familien bei Mama und Papa einziehen. Unsere Eltern sind davon nicht so begeistert – aber man muß ihnen einfach noch etwas Zeit geben zum Überlegen.

Enttäuschte Liebe

Aus dem Kinderzimmer unseres Sohnes dringt verzweifeltes Schluchzen. Langgestreckt liegt er bäuchlings auf dem Teppich und wahre Sturzbäche siedend heißer Tränen ergießen sich in sein weiches Kuschelkissen. Er ist fassungslos, nicht ansprechbar, untröstlich und weist allen Zuspruch entschieden von sich.

Andreas ist vier, sehr zierlich von Gestalt, sein Haar leuchtend goldblond, manchmal mit stark rötlichem Schimmer und seine Sommersprossen nehmen sich derart lustig aus, daß ihn eine Verkäuferin im Supermarkt neulich *Fridolin* nannte.

Was ist geschehen?

Soeben ist die letzte Fernsehsendung mit Pippi Langstrumpf zu Ende gegangen. Wer kennt sie nicht, die Pippi, das kleine hübsche Ungeheuer aus der Schwedenvilla *Kunterbunt,* sie, die ihre Suppe nur gewürzt mit Schuhcreme löffelt, Spaghetti mit den bloßen Händen verschlingt, ständig zu Späßen und Streichen aufgelegt ist, die Erwachsenen foppt und mit fröhlichem Lachen sechs Seeleute und ihr Pferd dazu auf einmal stemmt? Ein bärenstarker Schlingel mit putzigen Zöpfen wie Richtantennen, rotem Haar...und vielen, vielen Sommersprossen ebenfalls.

Pippi hat Abschied gefeiert von der Villa Kunterbunt, will in See stechen mit ihrem kauzigen Vater, dem Kapitän, und Andreas glaubt, sie kehre nie, nie mehr zurück...
Krampfhaft hält er die Fernsehzeitung fest mit ihrem bunten Konterfei und kann es nicht begreifen!

Was hilft da mein Trost, die Erklärung, daß es Pippi in Wirklichkeit doch gar nicht gebe, daß die eigentliche Pippi mittlerweile zu einer Frau herangereift sei, so um die dreißig? Daß es sich um eine erfundene Figur handele, gespielt von einem Schwedenmädel, das heute von seiner Rolle von einst gar nichts mehr wissen wolle?
Ach, was wißt ihr Erwachsenen schon...
Mein Trost kann seine Trauer nur verstärken. Ein Traum ist ausgeträumt, tief empfunden, zerbrochen, zerronnen, weg...

Soll ich ihm sagen, wie heiß ich selbst sie einst geliebt und angeschwärmt habe, die schöne Frau des Sheriffs aus dem Film *Zwölf Uhr mittags,* so unerreichbar weit weg und dennoch Gegenstand meiner wilden Phantasien?

Oder ob es ihn trösten würde, wüßte er, daß Träume oft viel schöner sind als die Wirklichkeit?

(1981)

Liebeszeichen

Dort unten war's, am Moselfluß:

Sie schob ihn hoch den Hang – zu Fuß,

Ließ steh'n ihr Rad auf halber Höh'.

S e i n Fahrgestell mit Armes Kraft

Hat er allein nicht hoch geschafft.

Geteiltes Leid tut halb so weh!

(2006)

1985

In Liebe angeseilt

(Die folgende Begebenheit habe ich Mitte der achtziger Jahre, also vor mehr als zwei Jahrzehnten verfaßt, unmittelbar unter dem Eindruck des Geschehens – deshalb die Zeitbezüge, die heute ungewohnt anmuten.)

Seit einigen Jahren verbringen wir unseren Sommerurlaub auf einem Bauernhof im Ostallgäu, nahe am Hopfensee, unweit von Füssen.

Wir befinden uns hier im Grenzgebiet zur Republik Österreich und biegt man in *Pfronten* nach Süden ab, so fährt man durch das romantische Tal der *Enge*, passiert den Schlagbaum bei der *Fallmühle* und gelangt nach wenigen Kilometern zur Talstation des Doppelsessellifts hinauf zum *Füssener Jöchle*. Hier oben geht es linker Hand zum *Aggenstein* hinüber und rechts zur *Otto-Mayr-Hütte*, und in diese Richtung zog es uns.

Es ist friedlich hier oben an sonnigen Tagen. Das Jungvieh weidet an den Berghängen, weithin hörbar durch die volltönenden Kuhglocken. Die gegenüber liegenden Berggipfel, die drüben das *Tannheimer Tal* umsäumen, erheben sich in majestätischer Schönheit und liegt man auf dem Rücken inmitten der wogenden Bergwiese, so läßt sich das aufregende Spiel der Wolkenschichten aus großer Nähe betrachten.

Ich hatte unsere Tochter gefragt, ob sie mit mir einen der nahe gelegenen kleineren Gipfel besteigen wollte, dort, wo das Gipfelkreuz so silbrig in der Sonne schimmerte. Ich nahm sie ins Schlepptau und mit festem Schritt stiegen wir gemächlich bergan. Unterwegs noch reichte uns ein Bergwanderer seinen Feldstecher, damit wir die vielen Gemsen im Talkessel genauer sehen konnten. Wir befanden uns längst oberhalb der Baumgrenze und nur noch ein paar knorrige Stämme trockenen Krüppelholzes klammerten sich beiderseits des schmalen Pfades am steinigen Untergrund fest. Manchmal mußten wir durch bogenförmige Öffnungen des Wurzelholzes kriechen, einige Male mühsam darüber hinweg steigen. Wanderer und Bergsteiger begegneten uns keine mehr. Wir waren allein.

Wir hatten nur noch eine kleinere Geröllhalde zu durchqueren, dann würden wir dem Gipfelkreuz ganz nahe sein. Auf allen Vieren krochen wir vorsichtig hinauf, immer nach sicherem Tritt suchend, aber alsbald gab das spröde Gestein nach und wir rutschten bedrohlich und unaufhaltsam bäuchlings bergab. Das Umdrehen von der Bauch- in die Rückenlage erwies sich als äußerst kompliziert, zumal Silke durch das Seil mit mir verbunden war und wir uns Beide verhedderten.

Schließlich gelang es doch, aber zu meinem Entsetzen bemerkte ich in meiner neuen Position nichts als bodenlosen Abgrund unter uns, einen Abgrund, auf den wir uns mit jedem tastenden Versuch hinabzusteigen nur rutschend zu bewegten.

Wir befanden uns mitten im steilen Geröll und waren gänzlich ohne Halt und ohne Halten – alles gab nach oder entglitt unseren Händen und auch mit dem Profil unserer Bergschuhe konnten wir nicht Tritt fassen. Die Gefahr erkennend, wollte Silke auf der Stelle zurück – aber wie? Mich selbst packten lähmendes Entsetzen und panische Angst; dann überfiel mich tiefe Traurigkeit, als ich an meine Frau und unseren Sohn dachte, die hinter dem Berghang friedlich Brotzeit machten und nichtsahnend auf unsere Rückkehr warteten.

Sie würden zurückbleiben – ohne uns. Alle gemeinsamen Pläne und Träume würden zerrinnen – innerhalb von wenigen Augenblicken. Nur noch eine kleine Weile!

Verzagen oder *Wagen*?

Darüber galt es nun, besonnen zu entscheiden – besonnen! Wir wagten es, arbeiteten uns zentimeterweise zur Seite hin abwärts, den ganzen Körper eng ans lose Gestein gepreßt, Arme und Beine wie Widerhaken gespreizt.

Dann ging es endlich den wohlbekannten Pfad entlang, vorbei an Gemsen und Rindvieh, fröhlich und zuversichtlich wie zuvor – oder doch ein wenig atemlos und beklommen?

Arglos wurden wir gefragt, wie es dort oben gewesen sei.

Ewigkeit der Bergwelt!

Wir hatten uns einer anderen Ewigkeit schon so nahe gewähnt! Alles halb so schlimm! Oder? Was hätte denn schon geschehen können?

Ironie des Schicksals: wir hatten uns doch schließlich Beide aneinander angeseilt!

Morgengebet

Ach Herr, wenn's wär', in Deiner Güte
Sprächst Du: *Komm, Engel, geh, behüte,*
All jene, die mich lieben.

Beladen sind sie wohl mit Schuld,
Mir fern und doch in meiner Huld.
Hab' sie hier aufgeschrieben.

Ich hör' die Menschen im Gebet
Und weiß sehr wohl, wie's um sie steht.
Glaubt Ihr, ich wär' aus Stein?

Ich höre Wünsche ohne Zahl,
Spür' ihre Nöte, ihre Qual.
Ich laß sie nicht allein.

Mit frischer Kraft nach dunkler Nacht
Sind wir zum hellen Tag erwacht,
Erwartend Freud' und Sorgen.

Mag Gott sich lehnen auch zurück
Für einen Hauch, ein kleines Stück –
Wir glauben uns geborgen.

(e 2008)

1981

Impressionen aus Israel:

Judith

(Judith ist die Heldin des apokryphischen Buches, dessen Inhalt ungeschichtlich ist. Demzufolge ist auch die Heldin ungeschichtlich – oder?)

Hier soll jedoch von einer *Judith* erzählt werden, die mir selbst und wirklich begegnet ist, dort in Netanya, im Hause meiner Gastgeber, in den Osterferien 1981, am vierten Abend meines Aufenthaltes in Israel.

Ich war gerade vom gemeinsamen Basketballspiel mit Noha und Ido zurückgekommen, als ich sie im *Salon* bemerkte.

Judith hatte schulterlanges Haar, das ihre schlanke Figur ausnehmend gut betonte. Allerdings war sie erblondet, was die schwarzen Augenbrauen unter ihrem Stirnhaar verrieten. Viele Frauen ließen sich hierzulande das Haar bleichen, vielleicht in Nachahmung des vorgegebenen westlichen Schönheitsideals aus dem Fernsehen.

Als wir uns einander vorstellten, fiel mein Blick auf eine vom Goethe-Institut herausgegebene Deutsche Grammatik, die vor ihr auf dem Tisch lag. Offensichtlich war Judith im Begriff Deutsch zu lernen. Sie war Lehrerin für politische Weltkunde, aber sie hätte ebenso gut Englisch unterrichten können, so vortrefflich beherrschte sie nach meiner Meinung diese Sprache. Sie wollte in die Bundesrepublik Deutschland übersiedeln, zunächst auf Probe für ein Jahr.

Versonnen betrachtete ich ihr jugendliches Gesicht mit den wachen und etwas kurzsichtigen Augen, die glatte Haut und ihren sonnengebräunten Teint, ihren hübschen Mund mit den einladenden Lippen und ihre ebenmäßigen weißen Zähne. Sie konnte lächeln und auch lachen.

Seit sechs Jahren war Judith Witwe und hatte seitdem sehr zurückgezogen gelebt. Als sie ihren Mann kennengelernt hatte, da war es Liebe auf den ersten Blick gewesen. Ihre gemeinsame Tochter war kaum drei Monate alt, da brach der Jom-Kippur-Krieg unverhofft über das Land herein und riß die wehrtüchtigen Männer aus ihren Gebeten in den Synagogen fort in den Kampf hinaus. Die Feinde überfluteten das Land von allen Seiten um die Existenz des Staates Israel im vermeintlich letzten Waffengang auszulöschen.

Judith wollte nach Bonn übersiedeln und ihre Stimme klang ein wenig unsicher, als sie mich fragte, ob es für sie und ihre Tochter Anpassungs- und Eingewöhnungsschwierigkeiten geben würde in dem ihnen unbekannten Land.
Sie sah mich fest und unverwandt an, kniff die Augen ein wenig zusammen, blinzelte und sprach von den vergangenen Tagen. Ja, sie hatte ihren Mann geliebt, sie, die junge Frau voller Anmut und sie hatten ihre Träume miteinander geteilt.

Auf den Golan-Höhen war sie umhergeirrt, hatte zwischen den zerschossenen und ausgebrannten Panzern nach ihm gesucht und dann die bittere Wahrheit erfahren.
Der Krieg hatte in junges Glück zerstört und weit gespannte Hoffnungen jäh begraben. Viel war ihr nicht geblieben und doch...

Sechs Jahre waren seither vergangen. Die Tränen waren versiegt, aber die Erinnerung war lebendig geblieben.

Ihr Körper und ihre Seele jedoch waren längst noch nicht erstorben; neues Lebensgefühl begann sich in ihr zu regen, als sie einen Anderen, einen Deutschen, zum ersten Male gesehen hatte. Und nun zog es sie mit Macht hin zu ihm in ein schuldbeladenes Land.

Lassen sich ausgewachsene Bäume verpflanzen?

Im Jahre 1985 wurde im Britzer Garten, in Berlin, ein Steinwurf von unserer Wohnung entfernt, der *Kopfweidepfuhl* angelegt. Wie oft erfreuen wir uns noch heute an diesen Bäumen, die, oben einst gekappt, jedes Jahr kräftige Triebe zeigen.

Sie haben erneut Wurzeln geschlagen und versprechen hier sehr alt zu werden.

Und Judith?
Bis zum heutigen Tag ist sie mir nicht aus dem Sinn gegangen.

1981

Impressionen aus Israel:

Nelly

Ihr kennt Nelly nicht?

Dann schließt jetzt die Augen ganz fest und versucht einmal, Euch mit meiner Hilfe ein Bild von ihr zu machen: wir betrachten zunächst nur ihr Gesicht. Wir können von ihrem sonstigen Zubehör auch gar nicht viel sehen, weil sie auf einem Diwan ruht, bis zur rechten Schulter in eine warme Decke eingehüllt, den linken Ellenbogen in ein Kissen gestützt.
Sie trägt kurzes, blondes Haar mit leichten Wellen und hat dunkle Augenbrauen. Ihre freundlichen Augen verraten uns, daß sie in ihrem Leben gern gelacht hat und auch oft. Die kirschroten Lippen und die frische Farbe ihrer Wangen beweisen, daß sie auf sich hält und sicherlich viel Zeit für ihre morgendliche Toilette

erübrigt. In einigen Jahren wird sie stolz erzählen, wie alt sie schon geworden sei.

Als junges Mädchen kam sie einst nach Palästina, im Jahr der Berliner Olympiade anno 1936, und im Hafen von Haifa stand Anchel bereit, der König aller Tänzer und des Tanzes, nahm sie bei der Hand, hielt um diese an und führte sie heim nach Tel Aviv. Zwei Kinder wurden ihnen geboren, eine Tochter und ein Sohn. Heute sind sie stolze Großeltern.

Nelly besitzt Charme und auch Verstand und versteht sich ausgezeichnet auf die einzelnen Spielarten des Humors und dessen Zwischentöne. Und noch immer hält sie es auf ihrem Ellenbogen aus, ihre zwölfjährige Enkelin Noha mit der Rechten fest umschlungen, die große Decke mit ihr teilend.

Nelly hat mich gerade nach meinen bisherigen Eindrücken in Israel befragt und deshalb habe ich mich am Kopfende des Sofas auf einem Kinderstuhl niedergelassen um ihr Rede und Antwort zu stehen.

„Sag, liebes Kind, wie gefällt es Dir in Israel? Sag's ährlich, brauchst mir nichts vorzumachen, kannst die Wahrheit sagen."

Meine Eindrücke sind vielfältig, was das Land und die Leute, die Vergangenheit und vor allem die Gegenwart betrifft; deshalb gerate ich ins Nachdenken.

Ich grüble – aus diesem Grunde die Stille.

„Sagst ja nichts. Ach ja, mußt ärst iberlegen. Fällt schwär, nicht wahr? Brauchst etwas länger. Oder gefälllts Dir nicht?"

Nach einigem Zögern habe ich schließlich die Antwort parat:

„Weißt Du, Nelly, ich kann eigentlich nicht sagen, daß mir Israel *gefällt* oder daß ich es *schön* finde...

Angespannte Stille. Nelly scheint nach Atem zu ringen...

...Israel *beeindruckt* mich zutiefst."

...und holt nun beruhigt Luft.

„Weißt Du, Nelly, mich beeindruckt insbesondere Eure unermüdliche Aufbauleistung. Du fährst durch den trostlosen Negev und plötzlich siehst Du in der flimmernden Hitze links oder rechts der Straße eine blühende Siedlung, umgeben von fruchtbaren Feldern als Ergebnis von Fleiß und Wasser,

Willenskraft und Erfindungsgabe. Und Eure Generation hat Pionierarbeit geleistet."

Ein breites, zustimmendes Strahlen erhellt ihr Gesicht und voller Stolz reckt sie sich hoch.

„Auch die geologische Formation der Wüste und des Sinai hat mich beeindruckt – aber so richtig *schön* finde ich die Wüste nicht."

Ein flüchtiger Schatten kurzen Schmerzes huscht über ihr zerfurchtes Gesicht.

„Hat Dir nicht gefallen, der Negev?"

„Nein, Nelly, nicht wirklich. Aber der See Genezareth mit den ihn umrahmenden Bergen ist zauberhaft."

„Nicht wahr, eine Perle", bestätigt sie mit leicht fragendem Unterton.

„Und der schneebedeckte Hermon ist reizvoll anzusehen."

Ihr Herz scheint vor Freude zu hüpfen.

„Aber Ihr wohnt auch in einem Land der Gegensätze."

„Oh ja, große Gegensätze", fügt sie hinzu.

„Arm und reich."

„Aber arm sind doch nur die Araber", wendet sie mit einer Gebärde der Entrüstung und des körperlichen Unbehagens ein.

„Und die orthodoxen Juden in Mea Shearim."

Eine abwehrende Handbewegung zeigt mir ihre Indignation.

Ich werde von der Hausfrau zum Abendbrot gerufen, aber Nelly erwirkt einen kurzen Aufschub.

„Sag, Nelly, kann man nicht beten *und* arbeiten, fromm sein *und* seinen staatsbürgerlichen Pflichten nachkommen und sein bequemes Dasein aufgeben?"

„Aber natierlich. Was Du sagst. Mußt wissen, wir sind nicht *so* religiös."

„Beeindruckt hat mich auch ein Vortrag, den ich vor einigen Tagen gehört habe. Innerhalb weniger Jahre ist Netanya von 17 auf 110.000 Einwohner angewachsen. Wie viel vorausschauende Planung und Organisationstalent und Tatkraft waren dazu wohl nötig!"

„War grosse Leistung. War alles Wieste vorhär", pflichtet sie mir eifrig bei.

„Aber die große Hitze hier macht mir zu schaffen."

Ein leichtes Wiegen des Kopfes: „Gewöhnst Dich dran, liebes Kind."

Die Hausfrau ruft abermals und schon ein wenig ungehalten zum separaten Soupé.

„Geh, liebes Kind, iß Dein Abendbrot."

Sie drückt mir die Hand, sind wir doch für eine Weile mindestens zehn Meter um den Abstand von der Küche bis zum Kinderzimmer entfernt.

„Hast gesprochen, wie Du denkst", ruft sie mir zärtlich hinterher, „ich habe Dich wirklich sähr lieb."

So ging ich in die Küche. Mein Abendbrot war sicherlich schon abgekühlt.

Weit gefehlt!

Auch heute gab es delikate Gurken- und Tomatenscheiben in gekühltem Zustand – weshalb dann die Eile?

Zufriedenheit

Ganz still sag' ich: „Bin nie in Not
Aus Mangel um mein täglich Brot.
Hab' stets genug zu essen.

Kaum plagen je mich Sorgen
Aus purer Angst vor morgen.
Mehr fordern wär' vermessen."

Und doch verrät ein flücht'ger Blick
Von ungemess'nem Mißgeschick

So vieler Menschen um mich her.

Würd' lindern Aller Schuld und Qual,
Doch zeigt mir ihre große Zahl:
Was ich vermag, hilft nicht so sehr.

Es nagt an *mir*, was *sie* beschwert
Und oft erscheint es *mir* verkehrt
Was *ihnen* da geschieht.

Wie kann es *mir* gelingen,
Ihr großes Leid zu zwingen,
Das jeder deutlich sieht?

Kann *ich* um Trost *sie* bitten,
Wenn *mir* das Herz zerschnitten,
Ich selber bin betrübt?

So falt' ich meine Hände,
Glaub' Gott, daß *Er* am Ende
Bemißt, was *mir* genügt.

Trost kann hier auf Erden,
Herr, allein uns werden
Durch Dein Gnadenwort.

Du mögest uns begleiten,
Barmherzig auch geleiten

Heut und immerfort.

(2008)

9. November 1989

Traum oder Wirklichkeit?

Entgegen aller Gewohnheit plagten mich am 9. November 1989 abends arge Kopfschmerzen, so daß ich mich schon vor der *Tagesschau* unter meine Bettdecke verkroch und alles verschlief. Am nächsten Morgen stieg am S-Bahnhof Steglitz ein junges Mädchen in die S 1 in Richtung Wannsee, setzte sich neben mich, sprang aber sofort wieder auf, als sie unverhofft ihren Vater im Abteil erblickte und teilte ihm jubelnd mit, der Grenzer habe gar nicht nach ihrem Ausweis gefragt, sondern sie einfach durchgelassen. Und nun erklärte sie mir die Sache mit der Maueröffnung und der nächtlichen Sektparty am Kurfürstendamm.

Ingrid, meine Frau, erinnert sich daran, daß unser Sohn ihr am Morgen mitgeteilt habe, daß *sie* letzte Nacht durchs Brandenburger Tor geradelt seien.
Die Oberstufenschüler meines Gymnasiums in Nikolassee zogen spontan auf eigene Faust zur Benschallee um zu schauen, was da an der Mauer vor sich ging. Und unsere Tochter erzählte nach der Schule mit großen Augen, ihr Schulleiter der Evangelischen Schule Neukölln habe alle Klassen mit ihren Lehrern zu unterschiedlichen Grenzübergängen geschickt um Zeugen zu sein dessen, was sich zu einem historischen Geschehen auswachsen sollte. Ich selbst fuhr am Nachmittag mit der U 6 in Richtung Kochstraße, wo sich eine große Menschenmenge zum „Trabbiklopfen" versammelt hatte und mich bewegte der Anblick der euphorisch gestimmten Menschen hüben und drüben tief.

Am Abend des 10. November fuhren meine Frau und meine Tochter zur *Brücke der deutschen Einheit* und stellten das Auto neben der letzten Bushaltestelle auf „unserer" Seite ab. Beide kämpften sich gegen den Strom der Menge zu Fuß über die

Brücke in Richtung Potsdam. Sie spürten die bedrohliche Enge auf der Brückenmitte. Meine Frau wollte unbedingt die Mauer von der Ostseite her berühren und die mitgenommene Kaffeetasse mit Potsdamer Erde füllen. Als Beide über die Brücke zurückkehrten, klopften zahlreiche West-Berliner meiner Tochter teilnahmsvoll auf die Schultern und freuten sich mit ihr, daß ihr nun die große Freiheit zuteil geworden sei. Am späten Abend erhielten wir einen erregten Anruf unserer Freunde aus dem County Cork in der Republik Irland, die sich mit uns darüber freuten, daß sich die Mauer geöffnet habe.

Hier könnte mein Bericht zu Ende sein – aber es fehlt die Krönung: noch außer Atem und in freudiger Erregung über die Brücke nach Zehlendorf zurückgekommen, fragte meine Frau an besagter Bushaltestelle in die Dunkelheit, wer mit ihr im Pkw in die Stadt wolle. Ein Vater mit seiner damals 15jährigen Tochter machte sich bemerkbar und fuhr in Richtung Ku'damm mit. Meine Frau gab ihm beim Aussteigen einen Stadtplan und ein Fünfmarkstück für eine Currywurst.

Ist hier die Geschichte zu Ende? Aber nein! Adressen wurden ausgetauscht und bald darauf erhielten wir einen Brief aus Potsdam-Babelsberg. Unsere Familien trafen sich wechselseitig in Mariendorf und in Babelsberg. Wir erzählten uns unsere Biografien, zeigten einander Sehenswürdigkeiten auf beiden Seiten und aus den ersten zaghaften Kontakten wurde eine Freundschaft, die ihre Feuerprobe längst bestanden hat. Gemeinsam sind wir ins neue Millennium geschritten. Da wir damals immer wieder gefragt und zugehört haben, wurden wir sozusagen gegenseitig zu Schlüsseln, mit denen sich die Lebenswelten in Ost und West aufschließen lassen konnten.

Nach dem Fall der Mauer sind meine Frau und ich durch die neuen Bundesländer gereist, haben landschaftliche Kleinodien entdeckt (z.B. Hiddensee und das Schlaubetal), sind Menschen ohne Berührungsängste begegnet und haben uns immer wieder gefreut über die Wende – nicht nur im politischen Leben, sondern auch im privaten Bereich, wurde doch die Palette unserer Lebensmöglichkeiten um vieles reichhaltiger. Es hat mich zwar Jahre gekostet, aber ich bin rund um Berlin gewandert, größtenteils außerhalb des Autobahnringes, voller Neugier und voller Begeisterung!

Viele Menschen haben mir ungefragt über die historische Zäsur der *Wende* berichtet und die Veränderungen beschrieben, die diese mit sich brachte. Ich habe Predigten gehört mit kritisch-nostalgischem Zungenschlag. Es mag sein, daß wir die Wende in Form einer Gewinn- und Verlustrechnung bewerten können. Ich persönlich habe viel auf meiner Habenseite verbuchen können.
Wenn ich an den 9./10. November zurückdenke, werde ich nie vergessen, daß die Ereignisse sich geradezu überstürzten, daß Probleme nach schneller Lösung verlangten und daß es keinerlei Lösungsmuster gab für eine Situation, die damals als ein *Wunder* angesehen und als „Wahnsinn" betrachtet wurde. Nein, es gab keine Patentrezepte für die Gestaltung der Nachwendezeit. Aber neben Dankbarkeit für die geschenkte Einheit fällt mir ein Buchtitel über erfolgreiche Versuche privaten Unternehmertums in den neuen Ländern ein: „Wir haben's angepackt!"
Damals wurde angepackt und diese Devise gilt weiterhin!

(veröffentlicht im Gemeindebrief der ev. Kirchengemeinde Mariendorf-Süd, 11/1999; ergänzt 2009)

Gastbeitrag von Rosmarie Scheinemann, Potsdam,
zum Thema: 9. November 1989

Liebe Leser,
einige Zeit seit dem Mauerfall schaue ich in Ihre Gemeindeinformation (Anm.: monatlicher Gemeindebrief der evangelischen Kirchengemeinde Mariendorf-Süd, der Verf.).

Als ich nun (in der November-Ausgabe 1999) eine Geschichte über eine wunderbare Begegnung nach der Grenzöffnung las, drängte es mich geradezu, auch meine Geschichte aufzuschreiben...

Der 9. November 1989 war ein Donnerstag. Als ich mit dem Bus von einem Besuch zurückkam, erwartete mich mein Mann an der Bushaltestelle – das war ungewöhnlich. Es war etwa 21.00 Uhr. Er sprang immer hoch in die Luft, er freute sich offensichtlich. Als ich ausstieg, rief er mir schon zu: „Muck, die Grenzen sind offen", und er umarmte mich. Ich sagte: „Das kann ich mir nicht vorstellen." Wir gingen nach Hause und schauten uns immerzu die Nachrichten an. Ich konnte es kaum fassen: Wiedervereinigung – meine Mutti sollte Recht behalten.

Am nächsten Tag mußten wir zur Arbeit. Ich bin Kinderdiakonin in einem evangelischen Kindergarten. Viele Kinder wurden von ihren Eltern frühzeitig abgeholt. Die Eltern hatten sich herausgeputzt, sie hatten es eilig, sie wollten ihre Verwandten in Westberlin besuchen. Es mußte wohl wahr sein.

Wir erfuhren, daß wir uns bei der Polizeimeldestelle einen Stempel für den Grenzübergang holen mußten. Riesige Menschenschlangen auf der Straße zeigten uns den Weg zu besagter Polizeimeldestelle. In der Schlange entstanden viele Gespräche, alle Leute waren freundlich, aufgeregt. Zügig kamen wir in eine große Halle. Dort saßen unzählige Polizisten und stempelten. Hurra – wir hatten einen Stempel.

Da wir drei Kinder haben und der Jüngste noch recht klein war, beschlossen wir, daß mein Mann mit der ältesten Tochter Brigitte den ersten Abend rübergeht und ich mit der Tochter Anika am 2. Abend. Der Jüngste sollte noch nicht in das Menschengewühle, wie wir uns das vorstellten.

Mein Mann ging mit Brigitte über die Glienicker Brücke; er ging nicht, er hüpfte. Diese schöne Brücke konnten wir uns nicht einmal von der Ferne ansehen, sonst... Dann waren sie in Westberlin – sie liefen und liefen. Ein Auto hielt an und eine Frau fragte: „Möchte jemand mit zum Ku'damm?" Eberhard rief: „Ja, wir!" und noch zwei junge Damen. Und die Dame im Auto – Ingrid mit ihrer Tochter – lud alle vier in den kleinen Wagen. Adressen wurden ausgetauscht, wir schrieben uns, wir trafen uns wechselseitig, einmal in Berlin, dann wieder in Potsdam. Es begann eine wunderbare Freundschaft zwischen unseren beiden Familien.

Anika und ich, wir fuhren am 2. Abend zum Ku'damm. Die Busse am Drewitzer Grenzübergang waren gerammelt voll. Na, hoffentlich kippt der nicht in der Kurve, dachte ich. Alles ging gut – alles gratis! Wir beide auf dem Ku'damm – es war toll – voll – unfaßbar – Himmel und fröhliche Menschen – (einige Leute mit Fahrrad brubbelten, weil sie kaum über die Straße kamen – vor Menschen) – der helle Wahnsinn.

Unsere Verwandten in Westberlin leben nicht mehr, aber wir haben „unsere Freunde" gefunden.

(veröffentlicht im Gemeindebrief der evangelischen Kirchengemeinde Mariendorf-Süd 12/1999)

Für Anika zu ihrer Erwachsenentaufe

Wie fängt eine *Freundschaft* an
Und *wo, weshalb* und *wann*?
So mögen sich die Leute fragen
Und können schwer nur Antwort sagen.

So lasset unser Sinnen

Beim *Zeitpunkt* Null beginnen.
Die Bilder steh'n noch frisch vor Augen,
Plastisch-nah und kaum zu glauben:

Da geht 'ne Brücke über'n Fluß
In Glienicke – doch mit Verdruß
Stets wurdest Du's gewahr,
Daß hier die Welt zu Ende war.

Als schließlich dann die Mauer fiel,
Da wurde schnell zum Kinderspiel,
Was vorher – sagen wir's ganz ehrlich,
Unmöglich war und sehr gefährlich.

Die Menschen strömten hin und her,
Bald hoffnungsfroh, bald tränenschwer,
Gedenkend der Vergangenheit
Und hoffend auf die neue Zeit.

Wie war'n wir nah und doch so fern
In einer Welt – ein Doppelstern.
Doch hat's bei uns sogleich geklappt
Mit unserm ersten Briefkontakt.

Wir haben uns geschrieben
Von hüben und von drüben.
Gelungen war der Brückenschlag
Von einem auf den andern Tag.
Uns kommen Fragen über Fragen...
Die Antwort, wer schon will sie wagen?
Sagt mir ohn' falschen Zungenschlag,
Wovor uns Gott behüten mag!

Die Welt wünschst Du sozial-gerecht.
Sinnvoll gilt's sie zu verwalten,
Mit Phantasie stets zu gestalten;

Und steter Friede wär' nicht schlecht.

Doch dämmert's Dir von ferne her:
Das Leben hier – das ist doch mehr!
Bezieht den Ursprung seiner Kraft
Von einer Macht, die Gott nur schafft.

Die *Taufe* ist die starke Hand,
Die hinstellt Dich auf festes Land;
Dein Leben seinen Sinn erhält
Durch *Ihn*, den Schöpfer unsrer Welt.

Versuch' *Ihn* zu verspüren
Und laß durch *Ihn* Dich führen!
Du kannst *Ihn* frohgemut bezeugen
Und S*einer* Kraft Dich willig beugen.

Auch *Freundschaft* ist ein Band,
geknüpft von unsichtbarer Hand,
Vom Auge nicht zu seh'n –
Vom Herzen zu versteh'n.

So wünsch' ich Dir nun allezeit
Freundschaft, *Glück*, *Zufriedenheit*
Und *Glauben*, daß ein Gott dort waltet,
Der Dein Leben mitgestaltet.

(Worte Deines Taufzeugen am 08.12.1991)

2000

Brücken über Grenzen hinweg

Traum und Schaum und der Himmel über uns

Meine Geschichte beginnt am Mittwoch, den 30.08.2000, mit der Abfahrt des Regionalexpress 38184 um 09.52 Uhr vom Bahnhof Zoo in Richtung Angermünde.

Unser Brandenburg-Ticket für vierzig D-Mark reichte bis zum Grenzort Tantow nach Polen, wo der deutsche Zoll und der ihm auf dem Fuße folgende polnische Grenzbeamte im Zug unsere Ausweise kontrollierten. Der Zusatzfahrschein für 11,20 DM pro Person galt bis Szczecin Glowny, bis Stettin-Hauptbahnhof, wo wir auf dem Peron 3 mit zehnminütiger Verspätung um 12.34 Uhr eintrafen. (Heutzutage kann man mit dem Ticket ohne Ausweiskontrolle bis nach Stettin fahren ohne einen Fahrschein nachlösen zu müssen.)

Grau und düster und trostlos sah es hier aus.

In der Bahnhofsvorhalle tauschten wir Zloty der Narodowy Bank Polski ein, besorgten uns einen Stadtführer in deutscher Sprache, stärkten uns im Restauracja mit einem Imbiss und machten uns auf zur Besichtigung des alten Stettin.

Dazu gehören der Hauptbahnhof gegenüber dem linken Oderufer, die Post in der Dworcowa Straße, das neue Rathaus, das Rektorat der Medizinischen Hochschule, das Stadtgymnasium mit der Pommerschen Bücherei und der leere Platz dahinter, wo bis 1938 eine mächtige Synagoge stand.

Bis 1945 war Stettin die Hauptstadt der Provinz Pommern. Zahlreiche Gebäude wurden im 19. Jahrhundert errichtet und uns begegneten die Namen deutscher Baumeister.

Auf engem Raum liegen vier Kirchen und der St.-Jacobi-Dom. Alle Kirchen waren geöffnet und in jedem dieser Gotteshäuser sahen wir Polen sämtlicher Altersgruppen andächtig im Gebet versunken. Beim Eintritt in die St.-Johannes-Kirche wäre ich beinahe über ein junges Mädchen gestolpert, das im Dämmerlicht vor einem Seitenaltar kniete. In zahlreichen Vorräumen der von uns besuchten Kirchen war Johannes Paul II. präsent – der polnische Papst, zeigte doch jede Gemeinde stolz Fotografien mit ihm anläßlich seiner Besuche hier vor Ort.

Stettin war in gleißendes Sonnenlicht getaucht; wir waren überrascht vom flutenden Autoverkehr und von der großen Zahl junger Menschen, die die Straßen bevölkerten, modisch gekleidet und leise sprechend. Wir schlenderten über den Promenadenweg der pl. Zolnierza Polskiego, einer breiten Verkehrs- und Ausfallstraße, und hatten unsere Freude an den vielen Blumenkiosken, die Blumen und Stauden, Blumenzwiebeln und Gartenzubehör anboten.

Der Turm des Schlosses der pommerschen Herzöge gewährte einen weiten Rundblick über Stettin und das Restauracja Zamkowa in einem der restaurierten Schlossflügel entschädigte mit ausgewählten Köstlichkeiten für die Anstrengungen des mühsamen Aufstiegs.

Dort, in einem der Schloßhöfe, kaufte meine Frau eine Bernsteinkette – aus Litauen übrigens.

Aus einiger Entfernung beobachtete ich sie im Gespräch mit dem jungen Verkäufer. Vielleicht hieß er Alexander. Ob er ihr gern erzählt hätte von Marschena, seiner einstigen großen Liebe? Daß sie beide aus Gdansk stammten und daß er ihr rötliches Haar, ihre wachen Augen, ihre kleinen Sommersprossen, ihren lachenden Mund und ihre warmherzige Stimme nicht vergessen könne? Nach Deutschland sei sie gegangen, genau in die Stadt, aus der meine Frau komme. Gelegentlich fahre sie wohl nach Gdansk, aber nie halte sie in Szczecin. Ihre Spuren hätten sich verloren, in der Erinnerung jedoch tauche ihre anmutige Gestalt immer wieder auf und dann werde er traurig. Ich blinzelte in die Nachmittagssonne und malte das Gespräch meiner Frau mit einer Geschichte aus, von der ich nicht wissen konnte, ob sie Traum war oder Schaum.

Auf dem Rückweg zum Bahnhof wanderten wir am Oderufer entlang; noch hatten wir Zeit – aber um 18.48 würde unser Zug zurück nach Lichtenberg fahren. Auf den Bahnsteigen fehlte es an Anzeigetafeln und Fahrtrichtungsanzeigern, an den Zügen suchte der Reisende vergeblich nach etwa angeschlagenen Zielbahnhöfen. Die Lautsprecheransagen blieben unverständlich. Wo war der Peron 4, wenn es nur drei Bahnsteige gab? Spricht denn hier niemand Deutsch, versteht kein Mensch Englisch? Ach ja, da hinten, jenseits der Überführung, vielleicht...

So hasteten wir bei knapper werdender Zeit zu einem bereitstehenden Zug – unserm Zug. Groß war die Verwirrung, als er sich nach unserer Meinung in die entgegengesetzte Richtung in Bewegung setzte – aber er beschrieb offenbar eine Kurve und schließlich hatte uns der deutsche Zugbegleiter doch Mut gemacht zum Einsteigen!

Uns gegenüber saß eine junge Dame mit kecken kleinen Sommersprossen im Gesicht. Auch sie wolle nach Berlin, dort studiere sie nämlich Fremdsprachenkorrespondenz mit den Schwerpunkten Russisch, Polnisch und Deutsch. Seit fünf Jahren lebe sie nun schon in unserer Stadt. Es sei nicht so einfach für eine polnische Studentin aus Gdansk, in Berlin heimisch zu werden, sei doch die Stadt so groß, so unüberschaubar und so anonym.

Ob wir zum ersten Male in Stettin gewesen seien, welche Eindrücke wir gewonnen hätten – sie hatte Vertrauen zu uns gefaßt, sah uns mit wachen und freundlichen Augen an und schien ihre Freude daran zu haben sich mit uns zu unterhalten, mit uns, die wir doch mindestens eine Generation älter waren als sie.

Ja, sie sei katholisch erzogen, ihre Eltern seien regelmäßige Kirchgänger; aber insgesamt lasse der Einfluß der katholischen Kirche auch in Polen spürbar nach. Viele junge Menschen hätten andere Dinge im Kopf als Religion und Kirche und Sittenstrenge. Sie freue sich darüber, daß ich heute einen ersten Blick über die

Grenze geworfen hätte – nur durch Brückenschläge rückten sich die Menschen näher!

Von draußen leuchtete die Abendsonne ins Abteil und verstärkte den Glanz ihres rotblonden Haares. Mit ihrem lächelnden Mund und ihrer warmherzigen Stimme erschien sie uns als eine ausgezeichnete Botschafterin ihres Landes und ich begann mich der schäbigen ‚Polenwitze' zu schämen, die – durch die Medien transportiert – in Deutschland so in Umlauf waren.

Sie verzieh es mir, als ich ihr von meinen höchstpersönlichen Berührungsängsten gegenüber ehemaligen Ostblockländern erzählte, vom bedrückenden Schatten der Mauer und den diffusen Vorbehalten, erzeugt in der politischen Vergangenheit. Ebenso verzieh sie mir, daß ich Danzig und Stettin, Breslau und Krakau mit ihren deutschen Namen bezeichnete anstatt mich der polnischen Zungenbrecher zu bedienen.

Ihre Zukunftspläne verriet sie uns und sie erzählte von ihrem deutschen Freund und ihrem Wunsch mit ihm eine Familie zu gründen. Als sich diese Anmut in Person kurz vor Lichtenberg anschickte von uns Abschied zu nehmen, bat meine Frau sie zur Erinnerung um ihren Vornamen, nicht mehr.

Sie hieß – Marschena.

(v 10/2000)

Mädchenaugen in Adlershof

Mein Auto nur noch langsam fährt,
Ich wart, bis Ihr die Straße quert;

Nimmst wahr, wie links mein Winker blinkt
Und strahlst...und hast zurückgewinkt.

(09/08)

44

Grundmuster des Lebens

Wer mit dem Rücken zur Fahrtrichtung sitzt, der fährt immer noch vorwärts – aber er kann es sich gestatten, über das, was ihm unterwegs begegnet ist und was er gesehen und erlebt hat nachzudenken um sich am Ende möglicherweise selbst besser zu verstehen. Er darf sich auch die Frage stellen, was ihn geprägt habe, sei es in seiner Kindheit, seiner Jugend oder später. Wenn nämlich der Grundsatz des lebenslangen Lernens gilt, dann sind wir in Sachen Erkenntnis und Selbsterkenntnis nie so ganz verloren.

Wir sind unbestreitbar geprägt durch *unsere Herkunft*; durch unser Elternhaus; *durch Menschen*, die uns begegnet sind oder uns begleitet und uns im guten Sinne beeindruckt oder im bösen Sinne abgeschreckt haben.

Durch *Nachahmen*, *Erfahrungen* oder *selbständiges Denken* haben wir uns auf den Weg in Richtung *Erkenntnis* begeben.

Wir sind geprägt durch *unser Tun* und *unsere Begeisterung*, weil dadurch möglicherweise die Liebe zu etwas uns Erfüllendem geweckt wurde: z.B. die Liebe zum Musizieren, zum Sport, zum Zeichnen und Malen, zu kreativen Schöpfungsprozessen. Sicherlich wird jede Form des Engagements in Bezug auf uns selbst oder auf Andere wiederum irgendwo und irgendwann durch andere Menschen bewirkt worden sein; denn so ganz ohne *Vorbilder* und Anstöße läuft wenig.

Als ich jung war, habe ich mich für die *Bücher* Alexander Solschenyzins begeistert; später waren es dann Thomas Mann und Theodor Fontane oder Thornton Wilder oder alles, was mir im Westen an DDR-Literatur in die Hände fiel. Ich wollte vertraut werden mit mir zunächst fremden Denkmustern und Lebensformen – mehr zunächst einmal nicht. Carlo Schmid und Helmut Schmidt haben mich beeindruckt, seit einiger Zeit sind es wieder einmal die Werke von Isabel Allende.

Von Schülern bin ich gelegentlich gefragt worden, ob ich Poesie möge. Zu ihrer Enttäuschung habe ich oft gesagt: „Ich schreibe gern selbst Gedichte, weil mich ihre Form der in verdichteter

Sprache ausgedrückten Gedanken beeindruckt, aber ich selbst denke und spreche für gewöhnlich nicht in Reimen, sondern in Prosa."

Es gibt *ein* Gedicht, das mich in besonderer Weise seit meiner Studienzeit beeindruckt hat, weil ich darin meine Gefühlswelt in bestimmten Momenten widergespiegelt sah und sehe.

Bevor ich es in Teilen übertrage und kommentiere, möchte ich es im Originaltext zitieren, so schwer verständlich es auch sein mag:

THEODORE ROETHKE

ELEGY FOR JANE

(My student, thrown by a horse)

I remember the neckcurls, limp and damp as tendrils,
And her quick look, a sidelong pickerel smile;
And how, once startled into talk, the light syllables leaped for her,
And she balanced in the delight of her thought,
A wren, happy, tail into the wind,
Her song trembling the twigs and small branches.
The shade sang with her;
The leaves, their whispers turned to kissing;
And the mould sang in the bleached valleys under the rose.

Oh, when she was sad, she cast herself down into such a pure depth,
Even a father could not find her:
Scraping her cheek against a straw;
Stirring the clearest water.

My sparrow, you are not here,
Waiting like a fern, making a spiney shadow.
The sides of wet stones cannot console me,

Nor the moss, wound with the last light.

If only I could nudge you from this sleep,
My maimed darling, my skittery pigeon.
Over this damp grave I speak the words of my love:
I, with no rights in this matter,
Neither father nor lover.

Der Dichter erinnert sich an Janes krauses Haar im Nacken, weich
und feucht wie eine Ranke; an ihren wachen Blick, ihr Lächeln,
manchmal wie auf der Lauer liegend.
Wenn sie sich erst einmal auf ein Gespräch eingelassen habe,
dann sei ihre Rede munter geflossen und sie habe Freude an der
Stimmigkeit ihrer Gedanken gehabt, sie, ein amerikanisches
Mädchen, einem Zaunkönig gleich, den Schwanz in die Lüfte
gereckt, wobei sein Gesang die Äste und Zweige zum Schwingen
gebracht habe. Selbst die Schattenwelt habe mit ihr gesungen; das
Flüstern der Blätter wie bereit zum Kuß. Und die Ackerkrume in
den ausgedörrten Tälern erst – auch sie habe unter dem
Rosenstrauch ihr Lied angestimmt.

Läßt sich bildhafte Sprache der Poesie mit ihren vielen Metaphern
aus der Natur überhaupt vernünftig übertragen?
Verstehen wir, was wir da lesen?
Belassen wir es am Besten bei einer bescheidenen Annäherung.
Dennoch: dieses Gedicht von Theodore Roethke gehört zu meinen
modernen Lieblingsgedichten aus dem angelsächsischen Raum.
Theodore Huebner Roethke, amerikanischer Dichter, geboren in
Saginaw, Michigan, war Sohn deutscher Einwanderer und lebte
von 1908 bis 1963.

Ach, wenn Jane von Traurigkeit erfaßt war, dann sei sie wahrlich
in größte Tiefen versunken und nicht einmal ein Vater hätte sie
innerlich erreicht. Ihre Wange habe sie – sich selbst verletzend –

gleichsam am Schilf aufgeschürft und sie habe mit dem aufgewühlten Schlamm selbst das klarste Wasser verdunkelt.

Im Alter von fünfzehn Jahren bereits hatte Theodore Roethke seinen Onkel durch Selbstmord und seinen Vater, der ein Gewächshaus besessen hatte, durch Krebstod verloren. Er hatte loslassen müssen, nicht ohne dabei seelischen Schaden davonzutragen und daraus gleichzeitig große schöpferische Kräfte zu entwickeln.

Er studierte Rechtswissenschaften und die Dichtkunst und wurde schließlich Professor für Englisch, zuletzt an der *University of Washington.*

Jane, mein Sperling, nun bist Du nicht mehr hier, Du, einem Farn gleich, Schatten spendend. Weder feuchte Steine noch kühles Moos im letzten Tageslicht können mich, den Untröstlichen, trösten.

Theodore Roethke erhielt im Jahre 1954 den Pulitzer-Preis. Carlos Kleiber, der berühmte Dirigent, verehrte seine Dichtkunst.

Ach, wenn er sie doch mit einem kleinen Nasenstüber aus dem Schlaf aufwecken könnte, sie, Jane, seinen verstümmelten Liebling, seine Taube.

Über ihrem feuchten Grab spreche er sein Liebesbekenntnis, er, der in Sachen Liebe ihr gegenüber gar keine Rechte anmelden könne. Weder sei er ihr Vater noch ihr Liebhaber gewesen.

Was mich an diesem Gedicht so angezogen hat?

Die schwärmerische Verehrung, die Theodore Roethke seiner Studentin entgegengebracht hatte und die Ehrlichkeit, mit der er sich posthum zu ihr bekannte, wohl in aller Reinheit und Unschuld.

Ob Jane es je gemerkt hat und ob sie es geduldet hätte?

Es erinnert mich ein wenig an die mittelalterliche Minne: die Frau, die der Barde begehrt, ist für ihn unerreichbar und doch nimmt sie ihn wahr. Das muß genügen. Übrig bleibt der Verzicht.

Theodore Roethke starb im Jahre 1963 nach einem Herzanfall, den er im Swimmingpool eines Freundes erlitten hatte. Er hinterließ seine Witwe Beatrice O'Connell, die er 1953 geheiratet hatte und die bereit gewesen war, trotz seiner Depressionen tapfer zu ihm zu halten.

Jane, seine ehemalige Studentin, war von ihrem Pferd abgeworfen worden. Deshalb sein Klagelied.

Menschen, die von Anderen abhängig sind, sind für letztere tabu, weil sie nicht frei in ihren Entscheidungen sind. Darf ich dennoch sagen, daß ich in meinem Leben Menschen wie Jane mehrmals begegnet bin und ihnen noch immer begegne und mich – hoffentlich unmerklich – zu ihnen hingezogen fühle?
Trotz aller Schwärmerei gilt es dabei allerdings, sich in Verzicht zu üben um glaubwürdig und seinen Versprechungen treu zu bleiben. Schwärmen ist glücklicherweise ohne Risiko, weil wir keine Ablehnung zu riskieren brauchen.

(10/2008)

Elegie für Tempelhof

Tempelhof – einst Dorf im Süden
Von Berlin, dann aufgestiegen

Zum Stadtbezirk bald nach dem Krieg
(Der Niederlage ohne Sieg),

Ein Park, der wurde bald zum Feld
Für Flugverkehr in alle Welt.

Was einst gebaut in Wahn und Trutz,
steht heute unter Denkmalschutz.

Das Tempelhof der spät'ren Tage
Es war für uns wohl ohne Frage

Auf unsrer Insel West-Berlin
Das große Tor zur Sehnsucht hin.

Gen Westen war der Blick gewandt
Zu jenen Ländern, jenem Land,

Die halfen uns in unsrer Not
Als Bollwerk gegen Braun und Rot.

Ein Denkmal zeigt ergreifend schlicht
Von Freiheitsdrang und Zuversicht,

Als unsrer Insel über Nacht
Die Zufahrt wurde dicht gemacht.

Dies Tempelhof, das glaube mir,
Wird zugemacht als Stück von mir!

Bin ich ein Mensch voll Nostalgie,
So gänzlich ohne Phantasie,

Der rückwärts blickt und nicht nach vorn
Und Grillen geißelt voller Zorn?
Ich seh' der Väter eitlen Bau,

Der offen Größe trug zur Schau;

Als Denkmal dauerhaft geschützt.

Ob B-B-I uns wirklich nützt?

Ob fristgerecht er fertig wird?
Ob sich die Planenden geirrt

In selbstverliebtem Größenwahn
Und zur Provinz Berlin verkam?

Bin selbst kein Freund von Einheitsbrei
Ich lieb' der Buntheit Vielerlei,

Sofern sie sich von selber trägt,
Weil sie das Dasein erst belebt;

Weil Vielerlei für Freiheit bürgt,
Erst Schaffenskraft in uns bewirkt.

Wie gänzlich falsch war doch mein Hoffen,
Daß dieser Flugplatz bliebe offen.

Muß fügen mich als Demokrat
Dem Volksentscheid in unsrer Stadt.

Werd' mich hinfort nicht weiter grämen,
Doch meiner Meinung auch nicht schämen!

(e 2008)

Ein Nachwort zu Tempelhof in Prosa

Ich gebe es ja zu: in Sachen Tempelhof ist meine Haltung eigentlich gespalten gewesen.

Abgeflogen bin ich in den 50er und 60er Jahren des Öfteren von diesem Flughafen, später nicht mehr. Aber selbst heute denke ich innerlich bewegt an die Zeit der Luftbrücke zurück. Unser Blick geht gen Westen, als wenn uns von dort Hilfe komme und damals traf dies wohl stärker zu als heute, jedenfalls was uns West-Berliner aus jenen Tagen betrifft. Ich gehöre noch zur Kriegsgeneration und uns fällt es schwer, halbwegs Brauchbares wegzuwerfen oder nutzbare Bausubstanz aufzugeben, selbst wenn wir Beides als verpflichtendes Geschenk an uns dankend ablehnen würden. Dieses Eingeständnis gehört zur Ehrlichkeit meiner Gedankenführung. Oft bin ich mit der S-Bahn zwischen Tempelhof und Hermannstraße am Flugfeld vorbei gefahren und habe es jedesmal wehmütig in Augenschein genommen. Ja, ich habe an der ersten Stufe des Volksbegehrens zur Offenhaltung Tempelhofs teilgenommen, aber es kamen bekanntlich nicht genügend Befürworter zusammen. Im Übrigen ist der Flughafen wohl von nahezu allen maßgebenden politischen Parteien zu irgendeiner Zeit einmal zur Schließung freigegeben worden. Ehrlich gesagt, ich könnte mich nicht dafür verbürgen, ob ich mit *Ja* gestimmt hätte, wenn unsere Stadt zuvor von einer schrecklichen Flugzeugkatastrophe heimgesucht worden wäre. Wir sind davor behütet worden, was meine Zustimmung am Ende erleichterte. Der Flughafen Tempelhof war für mich ein Identifikationsobjekt, auch wenn ich ihm nicht die Treue gehalten habe, bin ich dort doch jahrzehntelang nicht mehr abgeflogen oder gelandet.

Real gesehen, schadet mir die Schließung nicht, aber vielleicht genügt oft schon der ideell empfundene Verlust um unsere Herzen zu bewegen. Mein Herz fragt nämlich nicht immer nach Logik!

Fliegen wie ein Vogel

An unsrer Hecke, tief im Gras,
Fragst Du verdutzt: „Was ist denn das?"
Da liegt ein Spatz am Wiesenrain.

Du nimmst ihn auf in Deine Hand.
Zwei kleine Augen, angstgebannt,
Sie schau'n Dich an – so hilflos klein.

Du schenkst die Freiheit ihm zurück,
Setzt ihn ins Nest, bist voll von Glück,
Das Dein Herz hüpfen läßt.

„So lerne fliegen ganz geschwind,
Nimm Deine Flügel, pflüg' den Wind,
Natur besorgt den Rest."

Ein junger Eisbär namens *Knut*
Erfuhr dereinst, wie weh es tut
Mutterlos allein zu sein.

Doch mit Geduld und Mühen
Gelang's ihn aufzuziehen
Als Flaschenkind – so klein.

Was gestern winzig zart,
Lebt heut' nach Bärenart
Als Sinnbild hier im Zoo.

Was eben noch so niedlich,
Bleibt nimmermehr so friedlich,
Doch sind wir stolz und froh.

Warum ich dies erzähle?

Auch manche Menschenseele
Ist traurig und geknickt.

Wir können *sie* begleiten
Und tröstend *die* geleiten,
Die, ach, so schwer bedrückt.

Du fragst, ob *wir* geborgen
In Händen, die sich sorgen
Um *unser* Wohlergehen?

Sei *selbst* die Hand, die birgt
Und täglich Gutes wirkt!
Den Lohn wirst Du schon sehen!

Du hältst und wirst gehalten,
Spürst Gottes Wirken in Dir walten,
Hörst *Seine* Worte frei und frank.

Kraft erstarkt in *Deinen* Händen,
Starker Trost um Leid zu enden.

Heilst heute, was noch gestern krank.

(e 2008)

Geschenkte Zeit

Du hörst mit Angst *in Dich hinein,*
Fragst Dich: Was kann's denn diesmal sein
Das meinen Körper so beschwert?

Noch ein paar Tage, man wird seh'n;
Was heut' mich schmerzt, wird rasch vergeh'n.
Am Ende ist doch *nichts verkehrt!*

Von Tag zu Tag machst Du Dir Mut
Und spürst die Qual. Wie weh es tut!
Sie will nicht weichen, läßt nicht nach.

Du lachst...und schweigst...und schluckst den Schmerz
Und spürst in Dir Dein schweres Herz.
Du kannst nicht schlafen und liegst wach.

„Zur rechten Zeit hab' ich entdeckt",
Sagt Dir Dein Arzt, „was Sie erschreckt.
Zur rechten Zeit, doch keine Bange!"

Er sagt, was nun geschehen muß
Im Krankenhaus und rät zum Schluß:
„Doch warten Sie nun nicht mehr lange!"

„Wer", fragst Du, „in aller Welt
Hat meine Krankheit denn bestellt?
Ich hab' doch wirklich keine Schuld!

Es weiß doch jeder weit und breit:
Zum Kranksein hab' ich keine Zeit!
Wie schwer fällt mir doch die Geduld!

Wird meine Krankenkasse zahlen
Für die Behandlung meiner Qualen?"
Es plagen Dich die Sorgen;

Doch Freundeskreis in trauter Runde
Rät und sagt zu später Stunde:
„Hab' keine Angst vor morgen!"

Da liegst Du nun, frisch operiert,
Dein Leib mit Schläuchen reich drapiert,
Doch Angst weicht bald der Zuversicht.

Du wirst versorgt und wirst gepflegt
Und Lebensmut sich in Dir regt,
Dein Optimismus strahlt wie Licht.

Trost gibt Dir so manches Buch,
Von Deinen Lieben ein Besuch.
Und großes Leid wird plötzlich klein.

Ein Händedruck, ein tröstend Wort,
Sie scheuchen Deine Sorgen fort.
Kannst unsrer Liebe sicher sein!

Du scheinst gesund, bist hergestellt,
Erholt. Geschenkt erneut der Welt.
Hast tapfer viel erduldet.

Hast nachgedacht, planst neu Dein Leben,
Hast Menschen Vieles noch zu geben.

Dem Herrn sei Dank geschuldet!

Du sagst:

„Ach, wär' mein Leib wie meine Seele,
Unsterblich wär' er, doch ich zähle
Die Jahre, die mir noch beschieden.

Ich hab' *auf Zeit* mich eingerichtet,
Bin der *Vergänglichkeit* verpflichtet.

Geschenkte Zeit – ich bin's zufrieden."

(e 2008)

Leise Tränen

Du warst so stark, doch über Nacht
Hat Krankheit Dich ganz schwach gemacht –
So ängstlich und verzagt.

Es schnürt mir selber zu die Brust;
Vermisse Deine Lebenslust.
Wen frag' ich nur um Rat?

Kann schlafen nicht, find' keine Ruh'
Und liege wach nur immerzu.
Verspürst Du meine Einsamkeit?

Es sind die Tränen, lautlos-leise,
Die ich dann schicke auf die Reise,
Die *mich* befrei'n von *meinem* Leid.

Da hilft kein Wimmern und kein Klagen.
Vor allem darf *ich* nicht versagen!
Soll Eiche sein und standhaft steh'n.

Muß täglich meine Pflichten
Gewissenhaft verrichten.
Soll tun, als wäre nichts gescheh'n.

Nun haben wir – wir Alten –
In Treue durchgehalten,
Einander eng verbunden.

Wie es *Dir* geht, so geht es *mir*,
Und was *Du* spürst, auch *ich* verspür'.
Wir teilen unsre Stunden.

Ich wünsche mir, es mög' gelingen,
Daß Deiner Seele wachsen Schwingen,
Erlösend Dich von allem Schmerz.

Du ahnst ja nicht, wie wohl das tut,
Wenn *ich* nur weiß: es geht *Dir* gut
Reich mir die Hand – halt' fest mein Herz!

(e 2008)

Nachwort

Haus Wirchensee im Schlaubetal, Balkon des Zimmers 204, einer meiner Lieblingsplätze seit einigen Jahren. Durch die Laubbäume schimmert der See, Zeit zum Lesen und zum Nachdenken, Gelegenheit zum Schreiben und zum Spielen. Es sind unvergeßliche Tage, die wir mit Silke und mit Patrick verlebt haben. Er hat uns seine Sprungkünste vom Ponton in den See vorgeführt – ein Paketsprung nach dem anderen und ich stelle mir die Fische vor, wie sie kerzengerade im Wasser stehen und mit bebenden Kiemen und erstaunten Augen diesem Froschmann in Menschengestalt zusehen, der da mit feurigem Eifer, wild gestikulierend und immer mehr Anlauf nehmend, laut spritzend seine Sprungkünste vollführt. Oder wie er mir keuchend zur Seemitte entgegen schwimmt und von Tag zu Tag sicherer wird im nassen Element. Von Angst keine Spur, dafür aber jede Menge Mut! Ein sechsjähriger Junge auf Entdeckungsreise, was das Vertrauen in seine eigenen Möglichkeiten betrifft. Ein Kind, das wie alle Kinder seines Alters täglich seine Welt ein Stück weit neu entdeckt – vertrauensvoll und unverkrampft, unverstellt und gefühlsstark, vor allem jedoch neugierig und staunend. Er besitzt viel an Spielzeug, aber wenn wir Beide miteinander gespielt oder in der Buddelkiste gesessen haben, dann hat er mir gezeigt, mit wie wenigen Gegenstände und mit wie viel blühender Phantasie er seine Welt zum Leben bringen kann. Ich bin erstaunt darüber, was *ich* bisher alles von *ihm* lernen konnte!

Wie vollziehen sich eigentlich menschliche Lern- und Leistungsprozesse? Können wir aus uns selbst wie aus einem Füllhorn beständig Eigeninitiative und Motivation schöpfen um auf Entdeckungsreise zu gehen oder brauchen wir stets die Anderen als Wegweisende, Anleitende und Förderer? Können wir selbst bestimmen, welchen Weg wir gehen oder unterliegen wir Fremdeinflüssen, die wir selbst nicht kontrollieren können? Ist es möglich, die Welt um uns herum nach eigenem Geschmack mitzugestalten oder müssen wir uns einsichtsvoll mit jenen Bedingungsfaktoren abfinden, die uns hinterlassen worden sind und die wir als anscheinend unabänderlich vorfinden? Was nehmen wir in unserem Leben als Zufall und was als Fügung wahr?

Vermutlich werde ich mit Patrick demnächst nicht mehr in der Buddelkiste sitzen, aber ich würde mit ihm gern Bergwanderungen oder Radfahrten in Flußtälern unternehmen, sofern dies seinem Wunsch entsprechen sollte. Auch wenn ich mit meinem Rücken zur Fahrtrichtung sitze, so fahre ich immer noch nach vorn, zum Glück nicht wissend, wo genau hin, mit wem alles und wie lange noch...

Im Rückblick war es mir nicht möglich, Erlebtes wie einen Film ablaufen zu lassen; denn ich habe manches vergessen und was wirklich für mich von Belang war, stellte sich oft erst hinterher heraus, ohne daß ich ihm dabei auf einer Skala einen eindeutigen Stellenwert geben könnte...

Es sind mir weit mehr bedeutungsvolle Menschen mit prägender Kraft begegnet als von mir erwähnt. Ich bin weiter und öfter gereist als nach Israel und nach Polen, aber als Historiker habe ich diese Reisen in besonderer Weise wahrgenommen.

Vielleicht hätte meine Frau einige Akzente in unserem langen gemeinsamen Leben anders gesetzt; vielleicht ist sie über einige meiner Sentimentalitäten erstaunt und glaubt mich stellenweise nicht wiederzuerkennen.

Ich selbst kann meine eigenen Gefühle und Empfindungen weder qualifizieren noch quantifizieren, eben so wenig wie die Kardinaltugenden des Glaubens, der Liebe und der Hoffnung – falls sie mich berührt haben. Bei allem Selbstzweifel stehe ich jedoch zu jenen Zeilen, die mir voriges Jahr unterwegs „so nebenbei" eingefallen sind:

Trotz Dunkelheit steh' ich im Licht.
Du schenkst mir Leben, wirst es enden,
Glaub' meine Zeit in Deinen Händen,
Bin voller Trost und Zuversicht.

Jürgen Hembd, im Herbst 2009

Danksagung

Niemand hätte es vor drei Jahren für möglich gehalten, daß ich mich im Computerkurs der **Caritas** mit den Geheimnissen des PC vertraut machen würde; aber es gibt ständig Situationen, in denen ich (schon wieder) unbeabsichtigt und ohne es zu merken zu Hause eine falsche Tastenkombination bedient habe und dann warte ich sehnlichst darauf, daß mir **Andreas**, unser Sohn, zeigt, wie sich der Schaden begrenzen läßt. Auch diesmal hat er mir bei der Drucklegung des kleinen Buches geholfen.

Ich hoffe, daß mir **Ingrid**, meine Frau, meinen möglicherweise ersten Kuß in andere Richtung und meine späteren harmlosen Schwärmereien im Nachhinein verzeiht; denn schließlich wissen wir Beide, was uns durch gemeinsames Erleben miteinander verbindet. Sie hat den Entstehungsprozeß dieses Buches wohlwollend begleitet.

Ich danke **Rosmarie**, daß sie mir ihren Leserbrief von 1999 als Gastbeitrag zur Verfügung gestellt hat.

Ich danke allen **Bekannten, Freunden und Verwandten**, die meine bisherigen Bücher als Leser wohlwollend kommentiert und mich damit ermutigt haben, mich weiterhin auch schreibend auszudrücken.

Ebenfalls bei BoD sind bisher von mir erschienen:

Wie ein Magnet, 2007, 60 S.,
      ISBN 978-3-8370-1371-9
Dem Geheimnis der Weihnacht auf der Spur, 2008, 60 S.,
      ISBN 978-3-8370-6586-5
Schule – Haus des Lernens, 2009, 220 S.,
      ISBN 978-3-8391-0000-4

Inhaltsverzeichnis